AF400128

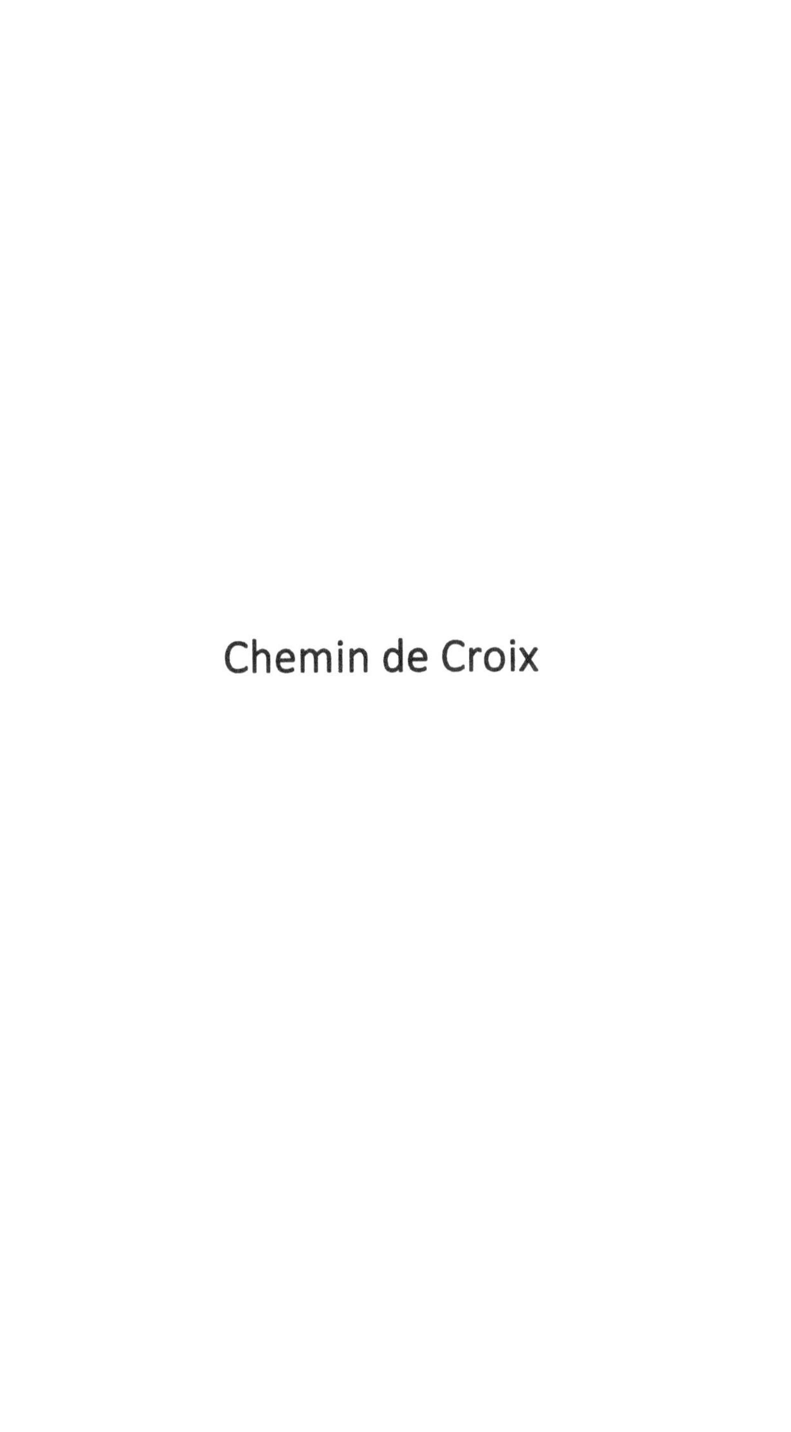

# Chemin de Croix

FSC
www.fsc.org
MIXTE
Papier issu
de sources
responsables
Paper from
responsible sources
FSC® C105338

Corinne-Maria ERNOTTE DUMONT de la Cruz

# Chemin de Croix

# INTRODUCTION

Depuis des siècles, les chrétiens du monde entier honorent la mémoire des dernières heures de la vie de Jésus. Le chemin de Croix peut être médité dans la solitude d'un lieu calme ou ensemble. Composé de 14 stations, certains le prient en marchant et en s'arrêtant devant chacune des 14 représentations.

La semaine Sainte se clôturant par le Triduum Pascal, trois jours avant la Pâque juive qui tombe un samedi, est une semaine de prière, de silence, de jeûne, d'abandon, à la suite de Jésus de Nazareth, cet homme qui, après seulement trois années de vie publique, a changé la face du monde, se proclamant Fils de Dieu, accomplissant et confirmant ainsi toutes les prophéties annoncées depuis de longues générations dans l'Écriture. Le Sauveur du monde nous avait enfin été révélé.

Dans une très grande humilité et pauvreté, Jésus de Nazareth, annoncé par l'ange Gabriel, conçu de l'Esprit Saint et né du sein de la Vierge Marie dans une étable à Bethléem, meurt tout aussi pauvrement, crucifié par les grands de son peuple pour avoir voulu apporter du changement dans les cœurs et nous sauver de la mort intérieure. Il meurt entouré de deux bandits, assassins et meurtriers, que la tradition nomme Dismas et Gestas. Rappelons que la crucifixion était alors réservée aux esclaves.

Jésus n'était qu'Amour, mais c'est avec force et conviction qu'Il dénonçait les dérives intransigeantes de son peuple et les manques de tolérance et de charité. Cela ne plaisait guère aux bien-pensants car Il n'hésitait pas à leur parler ouvertement devant les foules et à les réprimander en public, à chasser les vendeurs du temple, à secouer les sourds et les aveugles de cœur. Il proclamait un Dieu très différent de celui qui avait toujours été enseigné dans l'Ancienne Alliance (que l'on appelle aujourd'hui Ancien Testament) : un Père, aimant et miséricordieux, présent et proche de son peuple, il invitait à une nouvelle alliance avec Son Père qui se voulait demeurer à nos côtés. Cela dérogeait aux traditions et habitudes du Dieu vengeur, colérique et cruel ayant marqué les générations passées.

Connaissez-vous beaucoup de personnes qui aiment changer leurs habitudes ? Certainement pas les grands et les orgueilleux... C'est ainsi que cela a conduit Jésus à la mort, la mort pour avoir aimé, aimé et parlé de son Père... de notre Père qui est aux Cieux. Et le Mal a cru avoir gagné... un bref instant...

Jésus choisit de passer ses derniers jours avec ses amis intimes avant d'entrer en Agonie et de vivre ces 14 longues stations du Chemin de Croix.

Le Jeudi Saint, Jésus demande à fêter la Pâque anticipativement avec ses disciples, car Il sait que le soir-même, Il sera arrêté par les juifs, trahi par Judas Iscariote, l'un de ses plus proches amis et vendu pour quelques sous.

Judas était un revanchard, un sicaire qui détestait les envahisseurs romains. Déçu, il pensait que le Christ venait les sauver de l'oppresseur et espérait que celui-ci soulève une armée, mais il n'avait pas compris qu'Il ne venait que pour sauver leurs âmes, pas leurs corps : Il venait sauver par l'Amour et non par la violence. Il venait les libérer du Mal qui les atteignait, qui n'est rien d'autre que la source de toutes nos souffrances spirituelles et psychologiques, de toutes nos prisons, de toutes nos peurs et nos interdits. Jésus était venu pour transformer leur cœur, leur regard, la pureté de leurs intentions, en leur apprenant à regarder, à penser, à agir autrement.

Ce jour du Jeudi Saint, très important pour l'Église Catholique, commémore l'institution de l'Eucharistie. Jésus invoque une ultime fois le grand mystère du pain et du vin transformés en son Corps et en son Sang et demande à ses amis de "faire cela en mémoire de lui". Aujourd'hui encore, dans le monde entier, l'Eucharistie est célébrée pour honorer sa mémoire et rendre réelle sa présence au milieu de nous, par l'intercession des prêtres consacrés. Jeudi soir, après le repas, Jésus se rend au jardin des Oliviers avec quelques amis très intimes. Sachant que parmi ceux qui avaient partagé le repas avec Lui, l'un d'entre eux, Judas Iscariote les avait quittés promptement pour Le trahir, Il demande à ses amis les plus fidèles de veiller à ses côtés. Alors même que ceux-ci s'endorment, Jésus vit ce que l'on appelle l'Agonie. Les Évangiles nous décrivent ces quelques heures comme une intense souffrance où Jésus perçoit ce qui va lui arriver dans les heures qui viennent, torturé par le Mal qui l'assaille de toutes parts. Le Jeudi Saint, l'Église célèbre la messe en mémoire de la Cène du Seigneur, puis le Saint Sacrement est déposé au Reposoir, l'autel est dépouillé, la Croix est enlevée et voilée. Par ce dépouillement de tout, l'Église accompagne le Christ entrant dans sa Passion, dénué de tout. C'est une nuit d'adoration, un temps de grand silence. Les chrétiens s'unissent à la prière de Jésus ce soir-là, en demeurant auprès du Saint-Sacrement (le pain et le vin consacrés au cours de la messe) jusque tard dans la nuit, pour veiller aux côtés du Christ et l'accompagner jusqu'à son arrestation pendant la nuit, tout comme des amis intimes.

Le Vendredi Saint, l'Église nous propose de suivre le Christ pas à pas dans le combat qu'Il a accepté de vivre pour nous racheter de nos péchés, de son arrestation à la mise au tombeau, la veille de la Pâque juive. Le chemin de Croix qui accompagne Jésus vers sa mort est, d'une part, une contemplation active qui permet à chacun d'entrer dans le mystère de l'Amour de Dieu, manifesté par son Fils ; d'autre part, par son intercession pour le monde, Jésus offre Sa vie sur la Croix : si nous sommes chrétiens, nous ne pouvons pas nous arrêter à la mort de Jésus et à sa souffrance, mais nous devons regarder au-delà de la mise au tombeau, dans la perspective de la Résurrection, le jour de Pâques. Le chemin de Croix apparaît donc comme un pèlerinage du cœur et de l'esprit, un passage obligé pour entrer en union avec Celui qui depuis des siècles conduit l'Église universelle. Si le chemin de Croix s'arrête le vendredi Saint à la mort de Jésus, et que nous nous décourageons, sans attendre avec impatience les jours qui suivent, tel que Jésus l'a promis à ses disciples, alors cela est vain. La mort de Jésus est vaine. Or, le Christ est vivant, Il est ressuscité et cela, beaucoup en ont été les témoins véridiques, allant même jusqu'à mettre leurs doigts dans ses plaies pour certains qui ne voulaient pas croire. Jésus a bel et bien vaincu le Mal, vaincu la mort, et prouvé que le Père est vraiment présent, et qu'à la fin de notre vie, nous n'aurons rien à craindre, car nous aussi nous irons à Lui et serons sauvés.

Entrons dans ce chemin de Croix et parcourons à présent les 14 stations, afin de répondre à ce que nous demande Jésus : "*Convertissez-vous et croyez en l'Évangile*".

Chaque station est illustrée par quelques extraits de la Parole de Dieu, suivis d'une méditation et d'une prière.

# PRIERE D'INTRODUCTION AU CHEMIN DE CROIX

Père saint et miséricordieux, Tu nous as montré le chemin
de la Croix comme chemin unique pour Te comprendre.

Nous voulons marcher aujourd'hui avec foi et espérance.
Nous voulons prier en union avec tous ceux qui souffrent
et nous laisser envelopper par ce mystère.

Aide-nous à marcher en Te contemplant,
apprenant de Jésus qui se livre,
à porter notre croix de chaque jour
sans nous laisser abattre,
confiants en Ton Amour miséricordieux.

Accorde-nous de participer à la Passion du Christ, pour que
nous puissions parvenir un jour avec Lui à la gloire de la
Résurrection.

Par Jésus-Christ Notre Seigneur. Amen[1]

+

Au nom du Père, et du Fils, et du Saint Esprit, Amen.

---

[1] Du Pape François

# STATIONS DU CHEMIN DE CROIX

## PREMIERE STATION – JESUS EST CONDAMNE A MORT

Nous T'adorons ô Christ, nous Te bénissons ! Tu as racheté le monde par Ta Croix.

### PAROLE DE DIEU

« Lorsqu'il fit jour, les anciens du peuple, chefs des prêtres et scribes, se réunirent, et ils l'emmenèrent devant leur grand conseil. Ils lui dirent : "*Si tu es le Messie, dis-le nous.*" Il leur répondit : "*Si je vous le dis, vous ne me croirez pas ; et si j'interroge, vous ne répondrez pas. Mais désormais le Fils de l'homme sera assis à la droite de la Puissance de Dieu.*" Tous lui dirent alors : "*Tu es donc le Fils de Dieu ?*" Il leur répondit : "*C'est vous qui dites que je le suis.*" Ils dirent alors : "*Pourquoi nous faut-il encore un témoignage ? Nous-mêmes nous l'avons entendu de sa bouche.*" » (Luc 22, 66-71)

« Pilate interrogea Jésus : "*Es-tu le roi des Juifs ?*" Jésus répond : "*C'est toi qui le dis*". Les chefs des prêtres multiplièrent contre lui les accusations. Pilate lui demandait à nouveau : "*Tu ne réponds rien ? Vois toutes les accusations qu'ils portent contre toi*". Mais Jésus ne répondit plus rien... Pilate dit à la foule : "*Voulez-vous que je vous relâche le roi des Juifs ?*" [...] Ils crièrent "*crucifie-le !*". Pilate leur disait : "*qu'a-t-il donc fait de mal ?*" Mais ils crièrent encore plus fort : "*crucifie-le*". » (Mc 15, 2-14)

Une bougie est éteinte.

## MEDITATION

Jésus est venu au milieu de nous pour être notre Sauveur. En Bon Pasteur, Il est venu nous donner Sa vie pour que nous puissions renaître d'en haut, vivre une vie nouvelle, lumineuse. Rappelons-nous la manière dont Jésus au moment de son arrestation, reçoit le baiser de Judas et à la façon dont Il se livre aux soldats. La douceur dans son attitude est signe que l'Amour divin est en Lui et qu'il brûle tout, elle est le signe de la douceur intérieure en laquelle Il se donne à son Père.

Dans cette première station, tout le Sanhédrin est là, saturé de haine. Ils ont préparé de faux témoins, bien décidés à prononcer la condamnation à mort de Jésus. Malgré cela, Jésus garde le silence. Admirable silence, magnifique témoignage de patience, d'abandon à la volonté de Dieu ! Ce silence de Jésus trouble et inquiète la conscience des juges qui tentent par tous les moyens de L'humilier publiquement, de Le désavouer devant ceux qui hésitent encore, Lui qui est innocent.

Pilate lui-même prend de l'eau et s'en lave les mains. Il ne le croit pas coupable, mais par lâcheté, préfère fermer les yeux pour ne pas perdre la face devant le peuple et créer une émeute qui entacherait sa réputation. *"Qu'est-ce que la vérité ?"* demande-t-il à Jésus. Mais s'interroge-t-il réellement ?

Nous aussi, souvent, il nous arrive d'agir de la même façon, en condamnant les autres sans prêter attention à ce qu'ils vivent réellement de l'intérieur. Nous traitons les pauvres comme des profiteurs, des paresseux ; les ivrognes comme des délinquants et les prostituées comme des femmes de mauvaise vertu. Comme nous sommes, nous aussi, souvent rapides à juger les gens ! Nous nous donnons si rarement la peine de chercher la vérité avant de montrer du doigt celui qui nous dérange, qui n'est pas comme nous. Est-ce par crainte du regard des autres ? Pour ne pas être en désaccord avec la majorité ? Aurions-nous porté le même jugement si nous avions été seuls face à face avec la personne que nous nous permettons de juger ? Et si nous avions été à la place de celui qui est jugé ?

Jésus, Lui, est accusé par ses ennemis. Accusé d'avoir changé les habitudes, accusé d'avoir relevé les pauvres, d'avoir corrigé les riches, d'avoir pardonné les péchés, d'avoir indiqué la voie royale pour rencontrer le Père, l'amour de la pauvreté, l'humilité, la charité. Il a tout offert, Il n'a parlé que d'Amour et guéri des cœurs innombrables :

les petits, les pauvres, les étrangers, les prostituées, les voleurs, les rejetés, les exclus... : Il leur a tendu la main alors que personne n'en voulait. *"Bienheureux les pauvres, les exclus, les oubliés, les rejetés de la terre, parce qu'ils seront les premiers dans le Royaume de Dieu !"*.

Les bien-pensants de son temps trouvent cela indécent, intolérable. Alors ils le condamnent à mort.



Jésus, Toi qui as accepté d'être jugé par les hommes et condamné, Toi l'Agneau sans tache, le Fils du Père, dont la bouche n'a proféré aucun jugement, aucun reproche. Tu n'as pour tes bourreaux que pitié et miséricorde. Fils du Dieu béni, Ton silence nous montre le chemin de la patience et de l'abandon, de la force et de la persévérance.

Aide-nous, Seigneur, à nous tenir debout dans la lutte et à pardonner à ceux qui nous font du tort.

Prions pour les victimes, mais également pour tous ceux que le monde et les médias condamnent injustement et publiquement et ceux que nous condamnons par notre silence et nos manques de discernement. *"Ne jugez pas et vous ne serez pas jugés"* nous répétait Jésus. Prions pour que nos cœurs s'ouvrent à la limpidité de la vérité et que, comme le Christ, nous apprenions à préférer le silence à la médisance.

*Notre Père*
*Je vous salue Marie*
*Gloire au Père... Amen.*

# DEUXIEME STATION – JESUS EST CHARGE DE SA CROIX

Nous T'adorons ô Christ, nous Te bénissons ! Tu as racheté le monde par Ta Croix.



« Pilate, après avoir fait flageller Jésus, le livra aux soldats pour qu'il soit crucifié. Alors les soldats du gouverneur prirent avec eux Jésus dans le Prétoire et ils ameutèrent sur lui toute la cohorte. L'ayant dévêtu, ils lui mirent un manteau écarlate, puis, ayant tressé une couronne avec des épines, ils la placèrent sur sa tête, avec un roseau dans sa main droite. Et, s'agenouillant devant Lui, ils se moquèrent de Lui en disant : *"Salut, roi des Juifs !"* ; et crachant sur Lui, ils prenaient le roseau et en frappait sa tête. Puis, quand ils se furent moqués de lui, ils Lui ôtèrent le manteau, lui remirent ses vêtements, et l'emmenèrent pour le crucifier » (Mt 26, 26 - 30).

« Jésus, portant lui-même sa croix, sortit en direction du lieu-dit : Le Crâne, ou Calvaire, en hébreu : Golgotha. Là, ils le crucifièrent, et avec lui deux autres, un de chaque côté, et Jésus au milieu. Pilate avait rédigé un écriteau qu'il fit placer sur la croix, avec cette inscription : *"Jésus le Nazaréen, roi des Juifs"*. » (Jn 19, 17-19)

## SILENCE

Une bougie est éteinte.

## MEDITATION

Après avoir été renié par Pierre, l'un de ses amis les plus intimes, humilié, jugé, flagellé et couronné d'épines par d'ignobles et cruels bourreaux, Jésus est livré aux soldats pour être crucifié. Le Christ, injustement condamné, prend la croix sur ses épaules. Il la porte vers le Calvaire, car c'est par elle qu'Il choisit de nous sauver en portant avec elle le poids de tous nos péchés. *"Si quelqu'un veut être mon disciple, qu'il prenne sa croix et qu'il me suive !"*

Quelle humiliation d'être forcé de porter l'instrument de sa propre mort ! Et tout cela ne serait rien encore, si la Croix ne représentait pas pour lui le poids de toutes les souffrances dues à nos manques d'amour dont il choisit d'assumer la charge.

Pensons à toutes ces fois où nous avons manqué d'amour, où nous nous sommes plaints pour des broutilles, où nous avons fait peser nos états d'âme sur ceux qui nous aiment. Rappelons-nous comment nous avons accablé notre conjoint, notre enfant, nos amis, quand un regard ou un mot gentil aurait pu les apaiser. Avons-nous soulagé ceux qui sont venus chercher consolation et réconfort auprès de nous quand ils étaient effondrés ?

Jésus nous demande de prendre notre croix pour Le suivre. Il ne nous demande pas de chercher la souffrance, Il nous demande juste de l'accepter lorsqu'elle nous heurte de plein fouet. Nos croix, ce sont nos échecs, nos disputes, nos colères, nos manques d'espérance et d'amour, nos intolérances, nos regrets, nos froideurs, nos infidélités, nos indifférences, nos lâchetés, nos jalousies, nos afflictions, nos soucis, nos maladies, nos remords, nos culpabilités, nos difficultés du quotidien, nos mal-êtres, nos méchancetés, nos égoïsmes, nos rancœurs, nos souffrances intérieures, nos blessures, nos chagrins, ...

Nous avons le choix de les porter en ruminant et en râlant ou de les porter dans la paix de l'âme et avec amour, sans les faire peser sur les épaules de ceux qui nous entourent.

Jésus nous demande d'oser prendre à bras le corps la vie qui nous est donnée, avec ses joies et ses souffrances, ses bénédictions et ses épreuves. Notre vie est un cadeau de Dieu, et même ses moments les plus rudes et pénibles peuvent, avec Lui à nos côtés, se transformer en des étapes vers le bonheur. Lorsque l'on souffre, la plus grande consolation, n'est-elle pas de ne pas être seul ?

La Croix, Jésus la porte pour nous, mais aussi avec nous au quotidien. Dans les moments les plus rudes, nous pouvons le prier : "Jésus, aide-moi. J'ai confiance en Toi" et Il se tient à nos côtés et nous donne la force de tout surmonter.



Jésus, tu as porté sur tes épaules tous nos péchés. Ce poids est tel qu'aucune parole ne peut l'exprimer. Donne-nous, Seigneur, de porter notre croix à tes côtés sans nous plaindre, ni haïr le monde entier, de ne jamais la rejeter en en faisant porter le poids aux autres, mais de rayonner de Ta patience, de Ta paix et de Ta douceur dans les épreuves du quotidien.

*Notre Père*
*Je vous salue Marie*
*Gloire au Père... Amen*

# TROISIEME STATION – JESUS TOMBE POUR LA PREMIERE FOIS SUR LA ROUTE DU CALVAIRE

Nous T'adorons ô Christ, nous Te bénissons ! Tu as racheté le monde par Ta Croix.

## PAROLE DE DIEU

« Jésus s'écarta un peu et tomba la face contre terre, en faisant cette prière : *"Mon Père, s'il est possible, que cette coupe passe loin de moi ! Cependant, non pas comme je veux, mais comme tu veux."* » (Mt 26, 39)

## SILENCE

Une bougie est éteinte.

Jésus est épuisé, écrasé par nos manques d'amour, nos torpeurs, nos indifférences. Mais Il se relève, et reprend la Croix pour continuer le chemin... jusqu'au bout.

Seigneur, comment ne pas être ému en Te voyant passer, Toi le plus humble, le plus doux, sur le chemin du Calvaire et en Te voyant tomber sous le poids de nos injustices ?

Dans notre vie, nous avons tous connu des premières chutes : notre premier mensonge, notre première dispute, notre première peine de cœur, notre première humiliation en public, la première trahison d'un ami proche, la première fois que nous avons perdu un être cher, notre premier souci de santé, notre première frustration au travail... Nous pouvons tous nous remémorer le mal-être intérieur ressenti dans ces moments-là.

Il est lourd le fardeau de toutes ces croix qui pèsent sur nous. Nous tombons parfois sous l'assaut des tentations, de l'adversité, de la mélancolie ou du repli sur nous-mêmes, nous nous laissons quelquefois abattre et envahir par le découragement ou le désespoir.

Rappelons-nous alors que Jésus est proche de nous, qu'Il a pris sur Lui la honte et le mal-être de tous ceux qui sont tombés une première fois et qu'Il continue de le faire à chaque instant. Jésus tombe par miséricorde pour nous : Il prend nos misères sur son cœur et les embrase de Son Amour infini.

Ce n'est pas une honte de tomber. Aucun d'entre nous n'est parfait : nous ne sommes pas les enfants modèles, les ados irréprochables, les parents idéaux, les époux exemplaires, les religieux pieux et saints, tels que nous nous l'imaginons parfois. C'est pour cela que Dieu choisit de tomber à nos côtés, pour nous aider à nous relever face à tous nos petits et grands défauts. Nous sommes des êtres humains faillibles, qui cherchent à faire de leur mieux, et vacillent de temps en temps, ou même plutôt souvent... Mais n'ayons jamais peur de nous relever et d'affronter la vie, comme Jésus qui se relève et qui nous relève avec Lui.



*"Sur terre, ma vocation, c'est l'amour"* clamait Thérèse de l'Enfant Jésus. Tout ce qui s'oppose à l'Amour nous fait chuter et nous rend malheureux.

Que nos chutes, Seigneur, ne nous conduisent pas au désespoir, mais que, confiants en Ton Amour, nous nous relevions et continuions à avancer sur le chemin de la sainteté ! Prions pour la jeunesse qui ne trouve plus d'espérance dans le monde aujourd'hui et pour tous ceux qui ne se sentent pas aimés, prions pour tous les personnes qui, par désespoir, sont tentés d'en finir avec la vie. Seigneur, nous Te les confions.

*Notre Père*
*Je vous salue Marie*
*Gloire au Père... Amen*

# QUATRIEME STATION – JESUS RENCONTRE MARIE, SA MERE

Nous T'adorons ô Christ, nous Te bénissons ! Tu as racheté le monde par Ta Croix.

## PAROLE DE DIEU

« L'amour est fort comme la mort. » (Cantique 8, v. 6)

« Syméon les bénit, puis il dit à Marie, sa mère : *"Vois ! Ton fils qui est là provoquera la chute et le relèvement de beaucoup en Israël ; il sera un signe de division, et toi-même, un glaive te transpercera l'âme ! Ainsi seront dévoilées les pensées intimes d'un grand nombre"*. » (Lc 2, 34-35).

Une bougie est éteinte.



Presque tous ont abandonné le Christ sur le chemin de Croix : ses amis, ses disciples, ceux qui l'admiraient, ceux qu'Il a relevés et guéris, soit assaillis par le doute, soit terrifiés pour leur propre vie... Mais Marie, sa Mère, demeure fidèle. Elle suit son Fils tout au long du chemin, le cœur déchiré, portant avec Lui sa souffrance, et l'offrant pour le salut du monde.

Marie est là, depuis le départ : elle tient le rôle principal à l'Annonciation, se réjouit de l'Annonce de l'ange Gabriel, de la naissance de son enfant chéri qu'elle emmaillotte tendrement. Elle emmène son fils au Temple de Jérusalem et s'inquiète de la prophétie du vieillard Siméon, doit fuir en Égypte pour le protéger et souffre terriblement le jour de la disparition de son enfant bien-aimé dans la grande ville de Jérusalem. Elle est présente aux Noces de Cana, et après cela, dans toute son humilité, elle passe à l'arrière-plan alors même que naît la nouvelle communauté de disciples choisis par Jésus.

Jésus répond devant elle à ceux qui le houspillent pendant qu'Il parle à la foule : *"Voici ma mère et mes frères ! Quiconque fait la volonté de Dieu, celui-là m'est un frère et une sœur et une mère."* Ce n'est pas pour cela qu'Il diminue l'amour qu'Il a envers sa Mère, mais sa mission passe avant tout. Et Marie porte tout cela silencieusement dans son cœur. Marie reste présente tout le temps...

Dans la vie, les parents sont là pour aider leurs enfants à grandir, à se faire des amis, à trouver le bonheur et un sens à leur vie. Comme toutes les mamans, Marie a porté Jésus dans ses bras, elle l'a bercé, aimé, relevé lorsqu'il était enfant. Elle l'a entendu prononcer ses premiers mots, vu faire ses premiers pas, se blottir contre son cœur. Elle a vu son enfant merveilleux grandir et son adolescent s'épanouir.

Un jour, les enfants quittent le nid douillet de la maison et se lancent dans la vie, chacun dans la mission qui leur est confiée : certains fondent une famille, d'autres choisissent d'offrir leur vie à Dieu, d'autres consacrent leur vie aux autres. Jésus, Lui, a choisi de tout quitter et de rassembler les foules pour leur parler d'Amour.

Et quand tout s'écroule, comme toute maman, Marie est là, présente auprès de son Fils bien-aimé.

Son enfant se trouve sur ce chemin de Croix, blessé, éclaboussé de sueur, de sang, de poussière, et elle ne peut rien faire pour le soulager, sauf être présente à ses côtés, Lui donner du courage par son amour silencieux, par un peu de douceur, par un regard, dans cette foule brutale, bruyante et cruelle...

Il n'existe pas de lien plus profond que celui qui unit une mère à son enfant. La souffrance ou la mort d'un enfant devant ses parents est insupportable. Elle est contraire à l'ordre naturel des choses. La relation intime qui unit Marie à Jésus, au plus profond de ses entrailles de mère, rend leur souffrance encore plus terrible, Jésus étant par définition l'être humain le plus sensible, vu qu'Il aime comme nul autre a aimé.

Cette rencontre de deux cœurs douloureux, unis dans l'offrande totale pour la rédemption du monde, nous invite à aimer le Christ comme sa propre mère l'a aimé et à aimer Marie comme le Christ l'a aimée.




Prions pour les mères crucifiées, penchées sur le lit de leurs enfants malades, accidentés, handicapés, face à leurs enfants plongés dans la drogue, l'alcool ou les souffrances psychologiques qui les transforment en fantômes de la vie. Prions pour toutes ces mamans qui ne savent pas comment aider leurs enfants, comment les soulager et qui portent le poids de leurs blessures dans leur cœur. Prions pour toutes ces mamans qui ne réalisent pas que la vie est précieuse, et qui n'ont pas le temps d'entendre le cœur de leur enfant battre dans leur sein, avant d'être aiguillées vers un acte qui leur coûtera le bonheur éternel.

Vierge Marie, aide-les à tourner leur regard vers le Père et, comme toi, à faire confiance à ce grand mystère du chemin de Croix. Aide-les à tenir bon, à avoir la force de résister à l'assaut du Mal, et dans la confiance, à s'abandonner à Dieu tout puissant d'Amour.

*Notre Père*
*Je vous salue Marie*
*Gloire au Père... Amen*

# CINQUIEME STATION – JESUS EST SECOURU PAR SIMON DE CYRENE

Nous T'adorons ô Christ, nous Te bénissons ! Tu as racheté le monde par Ta Croix.

## PAROLE DE DIEU

« Comme ils l'emmenaient, ils mirent la main sur un certain Simon de Cyrène qui revenait des champs, et le chargèrent de la Croix pour la porter derrière Jésus. » (Lc 23, 26).

## SILENCE

Une bougie est éteinte.

Après un moment d'immense tendresse, celui de la rencontre avec sa mère, une nouvelle rencontre a lieu : celle de Jésus avec Simon de Cyrène.

Les soldats aperçoivent un homme qui revient des champs et l'interpellent : "Ce Jésus ne peut plus porter la Croix tout seul. Aide-le !".

Remarquons que les amis de Jésus, qui avaient promis de Le suivre jusqu'au bout sont absents, ils ont tous fui ou se cachent parmi la foule, terrifiés de ce qu'il advient à leur maître. C'est donc un pauvre passant, Simon de Cyrène se trouvant au bord du chemin, qui est appelé à aider Jésus. Simon ne choisit pas de porter la Croix ; il en reçoit l'ordre et obéit.

Simon nous représente tous : instinctivement, nous rejetons tous la croix, nous détournons le regard face à la misère des autres pour éviter d'y penser, de la voir, de la sentir, de l'effleurer : elle nous dégoûte, nous répugne, nous terrifie, nous met mal à l'aise. C'est alors que Jésus, le pauvre par excellence, nous regarde avec une telle bonté que nous ne pouvons pas résister. Il nous demande les yeux dans les yeux : "Aide-moi".

C'est une grâce exceptionnelle de miséricorde qui est faite à Simon, et à chacun d'entre nous, d'être appelés à aider le Christ. Nous avons tant l'habitude de nous suffire à nous-mêmes, de ne demander de l'aide à personne pour ne pas avoir à rendre la pareille un jour. Jésus, Lui, nous demande de nous engager.

Dans notre vie, la souffrance peut survenir à tout instant. Nous avons une belle petite vie tranquille, et puis sans prévenir, il nous arrive un pépin : accident, maladie, perte d'un emploi, d'un enfant, d'un être cher...

Nous sommes parfois contraints de porter notre croix au moment où nous nous y attendons le moins. Nous avons alors le choix de nous écrier : "C'est injuste ! Pourquoi moi ? Pourquoi maintenant ?" ou de l'accepter avec calme et sérénité et d'accepter d'être épaulés avec humilité.

Puissions-nous le vivre comme un moment de grâce, et découvrons cette intimité avec le Christ, en partageant son fardeau, et en déposant notre fardeau, comme deux amis qui se confient l'un à l'autre.

## PRIERE

Ô Seigneur, que sans hésiter, nous acceptions de prendre part à Ta Passion, que nous portions, dans la joie, nos petites croix quotidiennes. Que ton cœur compatissant nous apprenne à écouter et à aider notre prochain, en partageant leurs misères, pour la gloire du Père !

Nous te prions pour tous ceux qui n'osent pas demander de l'aide dans leur détresse humaine, mais aussi pour tous les bénévoles qui, à travers le monde, donnent leur vie pour les autres.

*Notre Père*
*Je vous salue Marie*
*Gloire au Père... Amen*

# SIXIEME STATION – VERONIQUE ESSUIE LE VISAGE DE JESUS

Nous T'adorons ô Christ, nous Te bénissons ! Tu as racheté le monde par Ta Croix.

## PAROLE DE DIEU

« Jésus, fatigué par la route, s'était assis près de la source. C'était la sixième heure, environ midi. Arrive une femme de Samarie, qui venait puiser de l'eau. Jésus lui dit : *"Donne-moi à boire."* La Samaritaine lui dit : *"Comment ! Toi, qui es Juif, tu me demandes à boire, à moi, une Samaritaine ?"* Jésus lui répondit : *"Si tu savais le don de Dieu et qui est celui qui te dit : "Donne-moi à boire", c'est toi qui lui aurais demandé, et il t'aurait donné de l'eau vive."* *"Quiconque boit de cette eau aura de nouveau soif ; mais celui qui boira de l'eau que moi je lui donnerai n'aura plus jamais soif ; et l'eau que je lui donnerai deviendra en lui une source d'eau jaillissant pour la vie éternelle."* La femme lui dit : *"Seigneur, donne-moi de cette eau, que je n'aie plus soif"* » (Jn 4, 6-15)

« Jésus la regarda et il l'aima. » (Mc 10, 21)

Une bougie est éteinte.

## MEDITATION

La foule se moque de Jésus, le frappe et le bouscule. Mais Véronique, femme au cœur droit, se fraye un passage entre les soldats et se précipite pour essuyer le visage du Seigneur. C'est grâce à sa foi courageuse qu'elle brave la meute déchaînée de méchants. Le geste de Véronique est empreint d'une grande délicatesse. Elle est saisie par le visage de Jésus, par son visage à la fois si doux et par son intense souffrance.

La tradition nous relate que lorsqu'elle rentre chez elle, elle découvre le visage de Jésus imprimé sur son voile.

Dans nos villes, nous manquons souvent de visages bienveillants. Les gens ont des expressions glacées et tristes. Souvent indifférents, ils évitent le contact visuel avec l'autre, arpentent les rues les yeux rivés vers le sol ou sur leurs téléphones, telles des âmes en peine, sans aucune espérance, sans aucune lumière intérieure. Pensons à Véronique, et à son exemple, levons les yeux, laissons-nous toucher, osons nous approcher du pauvre, qui n'est autre que le Christ, pour Lui offrir un geste de compassion.

"Heureux les doux, car ils recevront la terre en héritage." (Matthieu 5, 5)


## PRIERE

Jésus, transfigure-nous. Imprime en nos âmes Ton Visage, afin qu'en nous voyant, le monde Te voie et que les cœurs durs se brisent. Aide-nous à oser poser ces gestes d'amour qui sauvent et qui témoignent de Ton immense miséricorde.

Nous Te prions pour tous les cœurs fermés à l'Amour, pour tous ces visages sombres, pour tous ces regards vides et sans âme qui sillonnent nos rues. Qu'à travers la bonté de nos regards transfigurés, ils puissent se convertir et se réouvrir à l'Amour. Effata !

*Notre Père*
*Je vous salue Marie*
*Gloire au Père... Amen*

# SEPTIEME STATION – JESUS TOMBE POUR LA DEUXIEME FOIS

Nous T'adorons ô Christ, nous Te bénissons ! Tu as racheté le monde par Ta Croix.



« Venez à moi, vous tous qui peinez sous le poids du fardeau, et moi, je vous procurerai le repos. » (Mt 11, 28)

« Lorsque je suis faible, c'est alors que je suis fort. » (2 Corinthiens 12, 10)

Une bougie est éteinte.

Lorsque Jésus tombe pour la première fois, Il est seul. Cette fois, Simon de Cyrène est à ses côtés, mais Notre Seigneur n'a plus de forces.

Jésus partage notre faiblesse physique, celle que tant de forts méprisent. Il nous soutient dans notre fragilité, dans nos imperfections et nous relève, une fois de plus. Jésus partage notre faiblesse pour que nous puissions partager sa force.

O Seigneur, écrasé par le poids de nos péchés, Tu tombes une deuxième fois. Nous te demandons pardon pour nos fautes, pour les offenses qui te sont faites et les blessures que nous nous infligeons les uns les autres qui pèsent sur tes épaules.

Que par Ta grâce, nous nous convertissions tous les jours et acceptions de reconnaître nos faiblesses pour en sortir libérés et victorieux du Mal !



Prions pour ne jamais dire à quelqu'un : "Tu ne changeras jamais, tu ne vaux rien !". Prions pour ne pas tuer par nos paroles décourageantes. Après une chute, tout le monde peut se relever, accompagné par le Christ ou par un regard de compassion. Soyons des êtres miséricordieux et aidons nos frères à se relever, mille fois s'il le faut, à la lumière de cette septième station.

*Notre Père*
*Je vous salue Marie*
*Gloire au Père... Amen*

# HUITIEME STATION – JESUS RENCONTRE LES FEMMES DE JERUSALEM

Nous T'adorons ô Christ, nous Te bénissons ! Tu as racheté le monde par Ta Croix.



## PAROLE DE DIEU

« Le peuple, en grande foule, le suivait, ainsi que des femmes qui se frappaient la poitrine et se lamentaient sur Jésus. Il se retourna et leur dit : *"Femmes de Jérusalem, ne pleurez pas sur moi ! Pleurez sur vous-mêmes et sur vos enfants !"* » (Lc 23, 27-28)

## SILENCE

Une bougie est éteinte.

Les femmes sont toujours là aux moments importants. On ne parle pas des hommes. Ils sont presque tous partis, se cachent ou se taisent. Dans le monde, on se moque souvent des femmes : trop sensibles, émotives, pas assez fortes. Pourtant, il en est tout autre. Ce sont souvent pourtant elles qui résistent, jusqu'au bout.

Les femmes de Jérusalem sont heurtées par la souffrance de Jésus, mais elles ne voient que sa souffrance physique extérieure. Personne ne peut mesurer la souffrance spirituelle de ce chemin de Croix. Personne ne peut comprendre la lourdeur du poids des péchés de l'humanité. Jésus souffre du manque d'amour de tous ces hommes et femmes qui l'entourent, qui vocifèrent et lui crachent dessus, qui Le méprisent. Lui, l'Amour absolu, souffre bien plus de ces manques d'amour que de ses blessures physiques qui sont déjà un supplice incommensurable.

Nous devrions nous rendre compte à quel point ce sont nos péchés et nos ingratitudes qui font souffrir le Christ. Comme Jésus le dit : "Pleurez sur vous-mêmes" : c'est sur nous et sur tous ceux qui offensent Dieu par des manques d'amour qu'il faut pleurer.

"Heureux ceux qui pleurent, car ils seront consolés" (Matthieu 5, 4)

Si nous savions le don de Dieu ! Ah, si nous savions l'Amour avec lequel Il nous aime ! Et cela depuis le jour béni de notre baptême, le jour de notre première confession, le jour de notre première rencontre avec Lui dans le sacrement de l'Eucharistie, où nous avons reçu Son premier vrai baiser d'amour, le jour où Il nous a pleinement associés à Son adoration, à Sa louange, à Son sacrifice, à Son offrande et à toute Sa vie de rédemption et d'Amour. Ah ! Si nous savions comme nous sommes tout pour Jésus, et comment nous pouvons être tout pour Lui !

Laissons-nous brûler de son feu, laissons-nous dévorer par l'Amour, laissons-nous toucher dans notre âme, laissons-nous aimer.



Jésus, Toi qui as dit aux femmes de Jérusalem : « Ne pleurez pas sur Moi, mais sur vous et sur vos enfants », donne-nous la grâce de la vraie contrition, qui transforme le cœur et l'esprit, et de contribuer ainsi à la transformation du monde. Jusqu'à la dernière seconde de notre vie, nous Te prions de ne jamais nous laisser Te tourner le dos, de continuer à tendre nos mains vers Toi, d'accepter d'être aimés par le Père malgré toutes nos imperfections, nos maladresses et nos trahisons, et de ne jamais renoncer à l'Amour.

*Notre Père*
*Je vous salue Marie*
*Gloire au Père... Amen*

# NEUVIEME STATION – JESUS TOMBE POUR LA TROISIEME FOIS

Nous T'adorons ô Christ, nous Te bénissons ! Tu as racheté le monde par Ta Croix.



« Le Seigneur Dieu m'a ouvert l'oreille et moi je n'ai pas résisté, je ne me suis pas dérobé. J'ai tendu le dos à ceux qui me frappaient, et les joues à ceux qui m'arrachaient la barbe ; je n'ai pas soustrait ma face aux outrages et aux crachats. Le Seigneur Dieu va me venir en aide, c'est pourquoi je ne me suis pas laissé abattre, c'est pourquoi j'ai rendu mon visage dur comme la pierre, et je sais que je ne serai pas confondu. » (Isaïe 50, 5-7)

« Jésus n'a pas jugé bon de revendiquer son droit d'être traité à l'égal de Dieu ; mais au contraire, il se dépouilla lui-même en prenant la condition de serviteur. Devenu semblable aux hommes et reconnu comme un homme à son aspect, il s'est abaissé lui-même en devenant obéissant jusqu'à mourir, et à mourir sur une croix. »
(Philippiens 2, 6-8)

## SILENCE

Une bougie est éteinte.

## MEDITATION

Encore une fois, Jésus vacille et s'écroule devant la foule hostile qui se moque de Lui. Qui est cet homme silencieux dont le regard n'accuse personne ?

Mais son Cœur et son Amour sont inébranlables et Il se relève, aidé par Simon de Cyrène qui est devenu son compagnon de route. Jésus ira jusqu'au bout, portant avec la Croix, le poids des péchés du monde, de nos péchés, de tous nos manques d'amour.

Par cette dernière chute, Jésus se rapproche des plus faibles d'entre nous, des plus misérables, afin qu'un jour, nous partagions Sa Gloire.

Si souvent, nous nous sentons accablés par nos fautes morales. Pierre lui-même a renié Jésus trois fois... et ô combien il a dû se sentir misérable, lui son ami intime, d'avoir nié Le connaître.

Jésus se relève avec difficulté et continue d'avancer pour nous montrer le chemin de la lumière et de la vie : chacun de ses pas est un pas de plus vers la gloire.

Après Sa Résurrection, Il ôtera le fardeau des épaules de Pierre et des nôtres avec une infinie charité. Sans jamais lui parler de sa faute, il donnera à Pierre trois occasions de changer : "M'aimes-tu ? M'aimes-tu plus que ceux-ci ?"

Lorsque nous tombons sous le poids de nos misères, mettons-nous à genoux comme Jésus, pour regretter nos fautes, mais ne nous laissons surtout pas abattre en nous repliant sur nous-mêmes. Relevons-nous ensuite avec courage, car jusqu'à la fin des temps, Il sera toujours à nos côtés, prêt à nous laisser le choix de L'aimer : "M'aimes-tu ?". Quoi que nous ayons fait, Jésus nous tendra toujours la main pour nous relever et nous dire : "Je t'ai sauvé par grâce et non pour les œuvres que tu as accomplies".

Seigneur, Tu tombes pour la dernière fois. Comment demeurer insensible devant tant de douleur et d'injustice ? Comment ne pas vouloir tout donner pour abreuver, ne serait-ce qu'un instant, la soif intense de Ton Cœur ?

Seigneur, apprends-nous, à ton exemple, à pardonner "70 fois 7 fois", comme Tu nous le dis dans l'Évangile, mais également à nous pardonner à nous-mêmes, car celui qui aime son frère mais qui ne s'aime pas lui-même ne vit pas le commandement de Dieu : "Aime ton prochain comme toi-même". De même, aide-nous à nous laisser aimer, car "Aimez-vous les uns les autres comme Je vous ai aimés". Si nous refusons Ton Amour pour nous, comment pourrons-nous accomplir Ta volonté d'aimer les autres ?

Esprit Saint, inspire-nous l'humilité, afin que nous puissions reconnaître nos fautes, mais aussi nous relever et trouver repos sur le Cœur de notre Seigneur.

Jésus, nous Te prions pour tous ceux qui n'osent pas vivre du sacrement de la Réconciliation. Donne-leur la force et le courage de découvrir la beauté de la confession pour libérer leurs âmes de toutes les morts intérieures qui entravent la véritable joie.

*Notre Père*
*Je vous salue Marie*
*Gloire au Père... Amen*

# DIXIEME STATION – JESUS EST DEPOUILLE DE SES VETEMENTS

Nous T'adorons ô Christ, nous Te bénissons ! Tu as racheté le monde par Ta Croix.

## PAROLE DE DIEU

« Des chiens me cernent, une bande de vauriens m'entourent. Ils me percent les mains et les pieds ; je peux compter tous mes os. Ces gens me voient, ils me regardent. Ils partagent entre eux mes habits et tirent au sort mon vêtement. Mais toi, Seigneur, ne sois pas loin : ô ma force, viens vite à mon aide ! » (Psaume 22, 17-20)

« Voici que mon serviteur prospèrera, il grandira, s'élèvera, sera placé très haut. De même que des multitudes avaient été salsles d'épouvante à sa vue – car il n'avait plus figure humaine, et son apparence n'était plus celle d'un homme – de même des multitudes de nations seront dans la stupéfaction, devant lui des rois resteront bouche close. » (Isaïe 52, 13-15)

« Quand les soldats eurent crucifié Jésus, ils prirent ses habits ; ils en firent quatre parts, une pour chacun. Restait la tunique ; c'était une tunique sans couture, tissée tout d'une pièce de haut en bas. Alors ils se dirent entre eux : "Ne la déchirons pas, tirons au sort celui qui l'aura." Ainsi s'accomplissait la parole de l'Écriture : Ils se sont partagé mes habits ; ils ont tiré au sort mon vêtement. C'est bien ce que firent les soldats. » (Jean 19, 23-24)

Une bougie est éteinte.

## MEDITATION

Le chemin de Croix du Christ s'achève. Le sommet du Calvaire est atteint, et aussi l'humiliation ultime infligée à Jésus : les soldats se déchirent ses vêtements pour arrondir leur solde, sans aucune humanité. Voici notre Seigneur exposé presque nu à la risée du public.

Par sa nudité, Jésus accepte d'être totalement vulnérable. Il se rend vulnérable pour nous recouvrir du manteau de Son Amour, pour embraser toutes nos nudités, la nudité du jugement que les autres portent sur nous, la nudité de ceux qui sont crucifiés par nos mots, nos paroles injustes ou irréfléchies. "Il était riche, mais pour nous s'est fait pauvre, afin de nous rendre riches par sa pauvreté".

Face à l'éternité, nous nous présenterons, nous aussi, nus devant Dieu, sans attaches, sans richesses, sans gloires, sans honneurs. C'est nus que nous serons confrontés à l'Amour infini de notre Seigneur et invités en toute liberté à Lui dire Oui.

PRIERE

Jésus, pardon pour l'impureté qui habite nos cœurs, pour nos manques de respect envers notre corps, pour nos manques d'amour.

Jésus, Christ et Seigneur, Toi qui t'es laissé dépouiller de tes vêtements pour nous apprendre l'abandon véritable, donne-nous de rechercher les valeurs essentielles de la vie, et le souci de défendre la dignité inviolable de tout homme. Aide-nous à dépasser l'apparence et à ne voir que Ta splendeur dans le regard de chaque être vivant.

Nous Te prions pour les grands de ce monde. Éclaire leurs âmes pour cesser guerres, rivalités, querelles de pouvoir et violences, brisant la dignité de tant d'enfants, de femmes et d'hommes souvent innocents. Que le Mal soit chassé loin de ce monde ! Que ces hommes et ces femmes prennent conscience que rien ne leur sera laissé au jour du grand passage. Inspire-leur la sagesse de l'humilité et l'oubli d'eux-mêmes.

*Notre Père*
*Je vous salue Marie*
*Gloire au Père... Amen*

# ONZIEME STATION – JESUS AGONISE SUR LA CROIX

Nous T'adorons ô Christ, nous Te bénissons ! Tu as racheté le monde par Ta Croix.

## PAROLE DE DIEU

« Lorsqu'il fut arrivé au lieu-dit : Le Crâne, ou Calvaire, en hébreu : Golgotha, ils le crucifièrent, et avec lui deux autres, un de chaque côté, et Jésus au milieu. Pilate avait rédigé un écriteau qu'il fit placer sur la croix, avec cette inscription : "Jésus le Nazaréen, roi des Juifs". Or, près de la Croix de Jésus se tenait sa mère, avec la sœur de sa mère, Marie, femme de Cléophas, et Marie-Madeleine. Jésus, voyant sa mère, et près d'elle le disciple qu'il aimait, dit à sa mère : *"Femme, voici ton fils."* Puis il dit au disciple : *"Voici ta mère."* Et à partir de cette heure-là, le disciple la prit chez lui. » (Jn 19, 17-29)

« Jésus disait : *"Père, pardonne-leur : ils ne savent pas ce qu'ils font."* » (Lc 23, 34)

« Les passants l'injuriaient en hochant la tête : *"Toi qui détruis le Temple et le rebâtis en trois jours, sauve-toi toi-même, si tu es Fils de Dieu, et descends de la croix !"* De même, les chefs des prêtres se moquaient de lui avec les scribes et les anciens, en disant : *"Il en a sauvé d'autres, et il ne peut pas se sauver lui-même ! C'est le roi d'Israël, qu'i descende maintenant de la croix et nous croirons en lui ! Il a mis sa confiance en Dieu ; que Dieu le délivre maintenant, s'il l'aime ! Car il a dit : 'Je suis Fils de Dieu.'"* Les bandits crucifiés avec lui l'insultaient de la même manière. A partir de midi, l'obscurité se fit sur toute la terre jusqu'à trois heures. Vers trois heures, Jésus cria d'une voix forte : *"Eli, Eli, lama sabachtani ?"* Ce qui veut dire : *"Mon Dieu, mon Dieu, pourquoi m'as-tu abandonné ?"* Quelques-uns de ceux qui étaient là disaient en l'entendant : *"Le voilà qui appelle le prophète Elie !"* Aussitôt l'un d'eux courut prendre une éponge qu'il trempa dans une boisson vinaigrée ; il la mit au bout d'un roseau, et il lui donnait à boire. Les autres dirent : *"Attends ! Nous verrons bien si Elie va venir le sauver."* » (Mt 27, 39-49)

« L'un des malfaiteurs suspendus en croix l'injuriait : *"N'es-tu pas le Christ ? Sauve-toi toi-même, et nous aussi !"* Mais l'autre lui fit de vifs reproches : *"Tu ne crains donc pas Dieu ! Tu es pourtant un condamné, toi aussi ! Et puis, pour nous, c'est juste : après ce que nous avons fait, nous avons ce que nous méritons. Mais lui, il n'a rien fait de mal."* Et il disait : *"Jésus, souviens-toi de moi quand tu viendras dans ton Royaume."* Jésus lui déclara : *"Amen, je te le dis : aujourd'hui, avec moi, tu seras dans le Paradis."* » (Luc 23, 39-43)

« *"Maintenant a lieu le jugement de ce monde ; maintenant le prince de ce monde va être jeté dehors ; et moi, quand j'aurai été élevé de terre, j'attirerai à moi tous les hommes."* Jésus signifiait par là de quel genre de mort il allait mourir. La foule lui répliqua : *"Nous, nous avons appris dans la Loi que le Christ demeure pour toujours. Alors toi, comment peux-tu dire : "Il faut que le Fils de l'homme soit élevé" ? Qui est donc ce Fils de l'homme ?"* Jésus leur déclara : *"Pour peu de temps encore, la lumière est parmi vous ; marchez, tant que vous avez la lumière, afin que les ténèbres ne vous arrêtent pas ; celui qui marche dans les ténèbres ne sait pas où il va. Pendant que vous avez la lumière, croyez en la lumière : vous serez alors des fils de lumière."* Ainsi parla Jésus. Puis il les quitta et se cacha loin d'eux. » (Jn 12, 31-36)

« Comme un surgeon, il a grandi devant lui, comme une racine en terre aride ; sans beauté ni éclat pour attirer nos regards, et sans apparence qui nous eût séduits ; objet de mépris, abandonné des hommes, homme de douleur, familier de la souffrance, comme quelqu'un devant qui on se voile la face, méprisé, nous n'en faisions aucun cas. Or ce sont nos souffrances qu'il portait et nos douleurs dont il était chargé. Et nous, nous le considérions comme puni, frappé par Dieu et humilié. Mais lui, il a été transpercé à cause de nos crimes, écrasé à cause de nos fautes. Le châtiment qui nous rend la paix est sur lui, et dans ses blessures nous trouvons la guérison. Nous étions tous errants comme des brebis, chacun suivant son propre chemin, et Dieu a fait retomber sur lui nos fautes à tous. Maltraité, il s'humiliait, il n'ouvrait pas la bouche, comme l'agneau qui se laisse mener à l'abattoir, comme devant les tondeurs une brebis muette, il n'ouvrait pas la bouche. » (Isaïe 53, 2-7)

« Mon Dieu, mon Dieu, pourquoi m'as-tu abandonné ? Le salut est loin de moi, loin des mots que je rugis. Mon Dieu, j'appelle tout le jour et tu ne réponds pas. Et moi, je suis un ver, pas un homme, raillé par les gens, rejeté par le peuple. Tous ceux qui me voient me bafouent, ils ricanent et hochent la tête : "Il comptait sur le Seigneur : qu'il le délivre ! Qu'il le sauve, puisqu'il est son ami !" C'est toi qui m'as sorti du vendre de ma mère, qui m'as mis en sûreté dans ses bras. A toi je fus confié dès ma naissance ; dès le ventre de ma mère, tu es mon Dieu. Ne sois pas loin : l'angoisse est proche, je n'ai personne pour m'aider. Des fauves nombreux me cernent, des taureaux de Basan m'encerclent. Des lions qui déchirent et rugissent ouvrent leur gueule contre moi. Je suis comme l'eau qui se répand, tous mes membres se disloquent. Mon cœur est comme la cire, il fond au milieu de mes entrailles. Ma vigueur a séché comme l'argile, ma langue colle à mon palais. Tu me mènes à la poussière de la mort. » (Ps 22, 2-3 ; 7-16)

« Moïse fit un serpent de bronze et le dressa au sommet du mât. Quand un homme était mordu par un serpent, et qu'il regardait vers le serpent de bronze, il restait en vie ! » (Nombres 21, 09)

« *Comme Moïse éleva le serpent dans le désert, il faut de même que le Fils de l'homme soit élevé, afin que quiconque croit en lui ait la vie éternelle. Car Dieu a tellement aimé le monde qu'il a donné son Fils unique, afin que quiconque croit en lui ne se perde pas, mais obtienne la vie éternelle. Dieu a envoyé son Fils dans le monde, non pas pour juger le monde, mais pour que, par lui, le monde soit sauvé. Celui qui croit en lui échappe au Jugement ; celui qui ne croit pas est déjà jugé, du fait qu'il n'a pas cru au nom du Fils unique de Dieu.* » (Jean 3, 14-18)

## SILENCE

Une bougie est éteinte.

## MEDITATION

Nous approchons pas à pas du grand silence... Aucun mot ne peut exprimer en cet instant ce à quoi nous assistons, ce que Marie éprouve dans son âme, elle qui a porté Jésus en son sein – "ton cœur sera transpercé par un glaive" –, ce que Saint Jean ressent profondément en tant qu'ami le plus intime...

Au pied de cette Croix, aucune parole ne peut décrire ce que Tu vis, Seigneur, en cet instant précis de l'agonie lente et cruelle qui Te maintient élevé au-dessus des hommes, nu, au regard de tous, blessé dans les profondeurs de Ton âme divine, Toi le juste des justes, l'innocent par défaut, l'agneau sans tache, l'Amour absolu.

Cependant, malgré cet Amour, cette lumière et cette douceur mystérieuse qui émane de tout Ton être, il reste de ceux qui ne croient pas en Toi, qui Te considèrent comme un faiseur de miracles et un imposteur. Du haut de cette Croix, par un ultime geste de miséricorde, Tu emmènes avec Toi le malfaiteur qui se repent. Quant à l'autre, nul ne le sait. Il se condamne probablement lui-même par sa méchanceté, alors que Tu demeures silencieux à ses insultes.

Jésus, cette Croix sur laquelle Tu es suspendu n'a rien de beau, rien d'attirant, tout le monde en détournerait les yeux s'il le pouvait, si ce n'est l'attraction de Ton regard profond, aimant, tendre et miséricordieux qui pénètre au plus profond de notre âme.

C'est Toi et Toi seul qui nous sauves, par l'offrande totale de Ta vie. Toi le Dieu tout puissant, qui T'es abaissé jusqu'à en mourir, Toi qui guéris les malades, qui relèves les pauvres, qui soignes les cœurs brisés, qui pétris les âmes de Ta Sagesse et de Ton humilité. Toi qui pourrais être ce Dieu tout-puissant, servi, honoré, Tu choisis cette lente agonie, dans un corps d'être humain, fragile, démuni, entouré d'hommes et de femmes cruels et indifférents, d'injures, de crachats... Tu choisis le silence et Ton regard transperce l'âme de tes ennemis, avec cet inlassable Amour et miséricorde.

Seigneur, en cet instant, nous, chrétiens, reconnaissons que c'est bien Toi notre unique Médiateur auprès du Père,

Toi le Chemin, la Vérité et la Vie, et nous désirons Te suivre sur ce chemin aride de l'Amour prêt à tout donner.

Aide-nous à ne jamais oublier que, sans la Croix, sans le don entier de Ta vie, il n'y a pas de bonheur possible, car sans passer par la porte étroite, nous restons cloîtrés et engourdis dans nos petites cages dorées, ou dans nos misères quotidiennes, sans espérance. C'est Toi qui nous libères de toutes ces prisons dans lesquelles nous nous sommes enfermés au quotidien : Tu libères nos âmes, nos cœurs, pour rayonner et entrer dans ce grand mystère d'Amour divin !



Seigneur, pardonne-nous nos silences, nos doutes, nos indifférences, nos manques d'amour, nos mauvaises pensées, nos pulsions parfois tellement indignes d'un chrétien. Pardonne-nous en cet instant précis de ton passage vers le Père, et aide-nous à vénérer cette Croix qui semble si terrifiante, mais qui est le témoignage vivant de Ton Amour. Jésus, emmène-nous avec Toi au Paradis, libère nos âmes et nos cœurs de nos étouffements, de nos étroitesses d'esprit, de nos petitesses de cœur, de nos manques de partage, de nos peurs, de nos crispations, de tout ce qui nous retient prisonniers du Mal. Jésus, nous avons confiance en Toi.

*Notre Père*
*Je vous salue Marie*
*Gloire au Père... Amen*

# DOUZIEME STATION – JESUS MEURT SUR LA CROIX

Nous T'adorons ô Christ, nous Te bénissons ! Tu as racheté le monde par Ta Croix.



« Sachant que désormais toutes choses étaient accomplies, et pour que l'Écriture s'accomplisse jusqu'au bout, Jésus dit : "*J'ai soif.*" Il y avait là un récipient plein d'une boisson vinaigrée. On fixa donc une éponge remplie de ce vinaigre à une branche d'hysope, et on l'approcha de sa bouche. Quand il eut pris le vinaigre, Jésus dit : "*Tout est accompli.*" (Jn 19, 28-30)

« Il était déjà presque midi ; l'obscurité se fit dans tout le pays jusqu'à trois heures, car le soleil s'était caché. Le rideau du Temple se déchira par le milieu. Alors, Jésus poussa un grand cri : "*Père, entre tes mains je remets mon esprit.*" Et après avoir dit cela, il expira. » (Lc 23, 44-46)

« La terre trembla et les rochers se fendirent. Les tombeaux s'ouvrirent ; les corps de nombreux saints qui étaient morts ressuscitèrent. » (Mt 27, 53)

« Quand les soldats arrivèrent à Jésus, voyant qu'il était déjà mort, ils ne lui brisèrent pas les jambes, mais un des soldats lui perça le côté ; et aussitôt, il en sortit du sang et de l'eau. » (Jn 19, 33-34)

« Jésus-Christ s'est dépouillé lui-même, en prenant une forme de serviteur, en devenant semblable aux hommes ; et ayant paru comme un simple homme, il s'est humilié lui-même, se rendant obéissant jusqu'à la mort, même jusqu'à la mort de la croix. » (Philippiens 2, 7-8)

## SILENCE

Une bougie est éteinte et nous nous agenouillons en signe de recueillement au pied de la Croix, méditant ces derniers instants.

## MEDITATION

Seigneur, Tes bras sont étendus sur la Croix, ouverts à chacun d'entre nous, embrassant l'humanité et la création toute entière, nous montrant la hauteur et la profondeur, la longueur et la largeur de l'Amour de Dieu, qui n'a aucune limite. Par Ta mort, Tu as vaincu le Mal, Tu as accompli la volonté du Père jusqu'au bout, Tu nous ouvres la porte vers l'éternité. A jamais nous sommes réconciliés avec le Père, notre Père.

Seul le silence peut nous permettre d'entrer dans ce grand mystère. Le silence de la mort. Le silence de l'Agneau, le silence de l'Amour qui a tout donné jusqu'au dernier souffle de vie.



Accorde-nous, Seigneur, une vie telle, qu'au moment de notre mort, consumés d'amour, nous puissions contempler Ton Visage. Merci de nous avoir donné, avant de mourir, une Mère, Ta Mère, pour nous guider vers le Père.

*Notre Père*
*Je vous salue Marie*
*Gloire au Père... Amen*

# TREIZIEME STATION – JESUS EST DESCENDU DE LA CROIX

Nous T'adorons ô Christ, nous Te bénissons ! Tu as racheté le monde par Ta Croix.



« Déjà le soir était venu ; or, comme c'était la veille du sabbat, le jour où il faut tout préparer, Joseph d'Arimathie intervint. C'était un homme influent, membre du Conseil, et il attendait lui aussi le royaume de Dieu. » (Mc 15, 42-43)

« Joseph d'Arimathie, qui était disciple de Jésus, mais en secret, demanda à Pilate de pouvoir enlever le Corps de Jésus. Et Pilate le permit. Joseph vint donc enlever le Corps de Jésus. Nicodème vint lui aussi ; il apportait un mélange de myrrhe et d'aloès. Ils prirent le corps de Jésus, et ils l'enveloppèrent d'un linceul, en employant les aromates selon la manière juive d'ensevelir les morts. » (Jn 19, 38-40)

L'avant-dernière bougie est éteinte.

## MEDITATION

Ô Vierge Marie, c'est par notre faute que ton Fils a été crucifié ; et pourtant, dans ton Cœur, aucune haine, aucun ressentiment, seulement l'infinie douleur d'une Mère pour son Fils et l'humilité d'un enfant face à la volonté du Père.

Merci, tendre Mère, de nous aimer, au pied de la Croix, d'un amour que nous ne pouvons concevoir. Comme toi, aide-nous, dans le silence de notre cœur, à ne pas nous laisser abattre, à ne jamais perdre l'espérance de la Résurrection, à pardonner à ceux qui nous font souffrir et à aimer au-delà de tout.

## PRIERE

*Notre Père – Je vous salue Marie – Gloire au Père... Amen*

# QUATORZIEME STATION – JESUS EST MIS AU TOMBEAU

Nous T'adorons ô Christ, nous Te bénissons ! Tu as racheté le monde par Ta Croix.



« Près du lieu où Jésus avait été crucifié, il y avait un jardin, et dans ce jardin, un tombeau neuf dans lequel on n'avait encore mis personne. Comme le sabbat des Juifs allait commencer, et que ce tombeau était proche, c'est là qu'ils déposèrent Jésus. » (Jn 19, 40-42)

« On lui a donné un sépulcre avec les impies et sa tombe est avec le riche, bien qu'il n'ait pas commis de violence et qu'il n'y ait pas eu de tromperie dans sa bouche. A la suite de l'épreuve endurée par son âme, il verra la lumière et sera comblé. Par sa connaissance, le juste, mon serviteur, justifiera les multitudes en s'accablant lui-même de leurs fautes. C'est pourquoi il aura sa part parmi les multitudes, parce qu'il s'est livré lui-même à la mort et qu'il a été compté parmi les criminels, alors qu'il portait le péché des multitudes et qu'il intercédait pour les criminels. » (Isaïe 53, 9 ; 11-12)

## SILENCE

La dernière bougie est éteinte. Nous entrons dans le sabbat.


## MEDITATION

Un grand silence s'abat sur le monde. Jésus le Christ, notre Seigneur, est mort.

Le sabbat est proche. Les apôtres, effrayés, se cachent, croyant que tout est perdu. Seuls restent présents la Vierge Marie, saint Jean, le disciple bien-aimé, Marie-Madeleine, Nicodème et Joseph d'Arimathie. Avec toute la délicatesse de l'amour, tous se sont occupés d'embaumer le Corps de Jésus.

Pardon, Seigneur, pour nos doutes et notre manque de confiance en Ta Parole, pardon pour nos lâchetés face à l'adversité, pardon pour nos silences face à l'injustice.

Apprends-nous à demeurer toujours dans la confiance au-delà de toute épreuve et rends-nous la joie d'être sauvés aux jours de grand silence dans notre vie. Que la petite flamme de l'amour ne s'éteigne jamais en nous, même lorsque tout semble perdu, afin de rendre grâce pour Ton sacrifice dans le monde entier et de permettre à beaucoup d'âmes de revenir vers Toi.



*Notre Père*
*Je vous salue Marie*
*Gloire au Père... Amen*

# LES TROIS PRIERES DE NOTRE CHEMIN DE CROIX

## Notre Père

Notre Père qui es aux cieux,
que Ton nom soit sanctifié,
que Ton règne vienne,
que Ta volonté soit faite
sur la terre comme au Ciel.

Donne-nous aujourd'hui notre pain de ce jour.
Pardonne-nous nos offenses,
comme nous pardonnons aussi à ceux qui nous ont
offensés.
Et ne nous laisse pas entrer en tentation,
mais délivre-nous du mal.
Amen.

## Je vous salue Marie

Je te salue Marie, comblée de grâce[2],
le Seigneur est avec toi,
tu es bénie entre toutes les femmes,
et Jésus, le fruit de tes entrailles, est béni.

Sainte Marie, Mère de Dieu,
prie pour nous pauvres pécheurs,
maintenant et à l'heure de notre mort.
Amen.

---

[2] Traduction grecque du Magnificat : *"toi à qui une grâce a été faite"*.

# Gloire au Père

Gloire au Père
et au Fils
et au Saint-Esprit,
comme Il était au commencement,
maintenant et toujours
et pour les siècles des siècles.
Amen

*Jean Bourdichon, The Holy
Trinity, c. 1503-1508*

# CANTIQUE DE ZACHARIE
## POUR TERMINER LE CHEMIN DE CROIX

Quand nous étions encore ennemis de Dieu,
Dieu nous a réconciliés avec Lui par la mort de son Fils.

Béni soit le Seigneur, le Dieu d'Israël,
qui visite et rachète son peuple.

Il a fait surgir la force qui nous sauve
dans la maison de David, son serviteur,
comme il l'avait dit par la bouche des saints,
par ses prophètes, depuis les temps anciens :
salut qui nous arrache à l'ennemi,
à la main de tous nos oppresseurs,
amour qu'il montre envers nos pères,
mémoire de son alliance sainte, serment juré à notre père
Abraham, de nous rendre sans crainte, afin que, délivrés
de la main de nos ennemis, nous le servions dans la justice
et la sainteté, en sa présence, tout au long de nos jours.

Et toi, petit enfant,
tu seras appelé prophète du Très-Haut :
tu marcheras devant, à la face du Seigneur, et tu
prépareras ses chemins pour donner à son peuple de
connaître le salut par la rémission de ses péchés,
grâce à la tendresse, à l'Amour de notre Dieu,
quand nous visite l'astre d'en haut,
pour illuminer ceux qui habitent les ténèbres et l'ombre de
la mort, pour conduire nos pas au chemin de la paix.

Dieu notre Père, Tu as envoyé dans le monde, Ta parole de vérité et Ton Esprit de sainteté, pour révéler aux hommes Ton admirable mystère. C'est Ta grâce qui donne à tes fidèles de pouvoir dignement Te servir ; accorde-nous de progresser, sans que rien ne nous arrête, vers les biens que Tu promets. Par Jésus, le Christ, notre Seigneur. Amen !

# CONCLUSION

En tant que chrétiens, nous croyons que Jésus Christ est le Fils du Dieu vivant et qu'Il est véritablement celui annoncé par les prophètes Abraham, Isaïe, Ézéchiel, Joël, Jérémie, Michée, Osée, Zacharie, Jean Baptiste et chanté dans les Psaumes comme "Je suis, le nouvel Adam, le fils de l'homme, le Messie, le berger d'Israël, l'oint, le rameau de Jessé, l'agneau sans tache, l'homme de douleurs, l'agneau de Dieu qui enlève le péché du monde". Nous appelons cela les préfigurations du Christ.

Nous croyons également qu'Il est véritablement

le pain de vie,
la porte,
le bon berger,
la vigne,
le chemin, la vérité et la vie,
la résurrection et la vie,
Le Fils du Père.


Que son Nom veut dire : 'Dieu sauve'.

Que Dieu s'est incarné en la personne de son Fils, pour se rapprocher de nous et pour que, par Lui, nous puissions être sauvés et libérés définitivement du Mal qui règne sur la terre.

Et "qu'au nom de Jésus tout genou fléchit au ciel, sur terre et aux enfers[3]."

---

[3] Épître de Saint Paul aux Philippiens ch. 2, v. 10

# Table des matières